DISCOURS

LU A LA SOCIÉTÉ POSITIVISTE DE PARIS, LE JOUR DE L'AN

A L'OCCASION

de la

FÊTE DE L'HUMANITÉ

PAR LE

Docteur AUDIFFRENT

L'UN DES EXÉCUTEURS TESTAMENTAIRES D'AUGUSTE COMTE

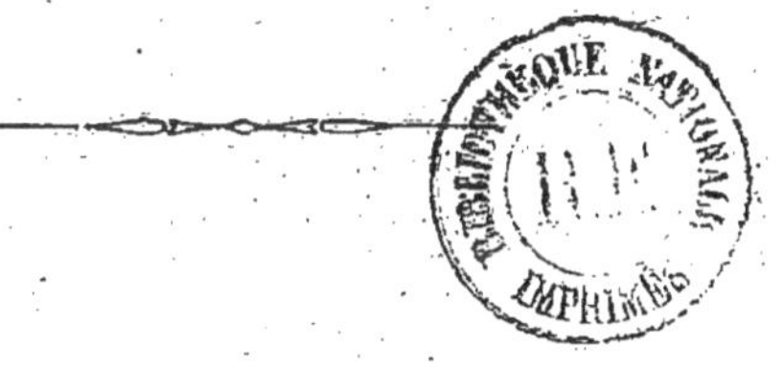

PARIS

AU SIÉGE DE LA SOCIÉTÉ POSITIVISTE

30, RUE JACOB, 30

1881

DISCOURS

LU A LA SOCIÉTÉ POSITIVISTE DE PARIS, LE JOUR DE L'AN

A L'OCCASION

de la

FÊTE DE L'HUMANITÉ

Messieurs,

C'est la fête de l'Humanité que nous célébrons aujourd'hui, avec tous les occidentaux, avec toute la vieille famille chrétienne. C'est la fête des grands sentiments, des sentiments vraiment humains, qu'il faut voir dans ces manifestations si touchantes et si douces, auxquelles nous assistons de toutes parts, en cette journée exceptionnelle. Quels autres sentiments auraient la puissance de rapprocher, comme nous le voyons, les individus et les familles, de faire naître ces bonnes dispositions que nous lisons sur toutes les figures.

En voyant finir une année et commencer une autre, qui ne se croit obligé de prendre quelque salutaire résolution, de faire un retour sur lui-même, de descendre au fond de sa conscience, et de se demander s'il n'a pas quelque tort à se faire pardonner. Le temps qui s'est écoulé entre le début de l'année qui expire et celui de l'année qui commence n'est pas assez long pour qu'on ne puisse en embrasser l'ensemble, pour qu'on ne puisse se rappeler tous les actes accomplis, analyser, juger les mobiles qui les ont déterminés, qui y ont présidé. Les résolutions que suscite cet examen ne témoignent-elles pas des sentiments plus sympathiques dont chacun se sent animé?

C'est donc la fête des grands sentiments, qu'en ce jour mémorable entre tous chacun célèbre à sa manière, dans les plus humbles réduits comme sous les plus luxueux lambris.

A ces précieuses dispositions morales s'en ajoutent d'autres, non moins propres à nous faire sentir le caractère exceptionnel de cette journée. Tout, en effet, y concourt à faire ressortir les deux grandes lois de solidarité et de continuité, qui dominent l'existence humaine. La vie peut-elle apparaître alors autrement que comme une œuvre collective, à laquelle chacun doit prendre sa part. D'un autre côté, le moindre regard jeté vers le passé ne peut qu'éveiller en nous des souvenirs où notre dépendance à l'égard de nos prédécesseurs s'accuse directement. Les absents et les morts nous apparaissent pour venir en quelque sorte se mêler à nos plus saintes émotions et nous montrer la chaîne des temps.

Les sentiments nés dans l'enceinte domestique n'y restent pas limités, ils s'étendent au dehors, à la cité, à la patrie, et donnent à la fête un caractère à la fois public et privé. Il n'est aucune âme élevée qui ne comprenne alors que la vie domestique est la garantie de la vie publique, et que, par une précieuse réciprocité d'action, les mœurs civiques épurent en les élevant celles de la famille.

Vous le voyez, c'est la vie sous ses plus grands aspects qui se montre aujourd'hui à chacun de nous. Si on le veut, il ne sera pas jusqu'à l'époque de l'année qui ne concourra au renouvellement de nos meilleurs sentiments. C'est la nuit, c'est la mort, a-t-on dit, en songeant à ces jours sans fin. Le cœur, ouvert à de nouvelles espérances, répond : c'est le réveil. Une lueur apparaît, c'est la lumière qui va succéder aux ténèbres, qui va faire renaître l'espoir, qui va ranimer l'activité suspendue. On va revivre d'une nouvelle vie, reprendre de nouvelles forces et rentrer plus fort dans la lutte de l'existence.

C'est donc bien la fête de l'Humanité que l'Occident tout entier célèbre en ce jour. Aussi a-t-on fait remarquer que de toutes les fêtes auxquelles les anciens éléments de la famille catholique se trouvent associés, c'est la seule qui soit entièrement dépouillée de tout caractère théologique. Pendant longtemps, vous le savez, Messieurs, dans le monde catholique, l'année commençait au jour indiqué par la légende chrétienne pour la naissance du Rédempteur. En en transportant le début loin du solstice d'hiver, cette date mémorable dans l'existence civique devait perdre naturellement tout caractère théologique.

Aussi, reconnaissons-le, le positivisme n'a-t-il fait que consacrer définitivement une disposition qui, depuis plusieurs siècles, est devenue propre à tous les Occidentaux, lorsqu'il a fixé au premier jour de l'an la fête de l'Humanité.

Laissez-moi donc, Messieurs, vous parler en ce jour du Grand-Être, de cette bienveillante providence qui domine de plus en plus nos destinées, qui, pour n'être formée que de morts et de non-nés, ne préside pas moins aux actes les plus intimes et les plus complexes de notre existence publique et privée.

L'Humanité n'est point, comme on l'a dit, une abstraction, une froide entité, c'est, au contraire, une vivante réalité. Qui pourrait en douter de nos jours? Tout autour de nous accuse son existence; elle se révèle à chacun dans ses moindres produits. Son action est de tous les instants; sa puissance n'est point infinie, il est vrai, mais sa bonté n'a point de bornes, et sa volonté, toujours intelligente, s'étend à tout ce qui est réalisable. Elle ne s'arrête que devant les fatalités qu'elle ne peut modifier; aussi fait-elle de la soumission la source même de tout perfectionnement.

Le règne de l'Humanité ne serait pas proche, a dit Auguste Comte, si son existence pouvait être encore contestée. Mais l'interrègne divin est épuisé, et nous sommes définitivement descendus du ciel sur la terre. Le voile, qui couvrait le cours de nos destinées, est déchiré, et rien ne s'oppose plus à ce que notre pensée remonte à nos plus lointains devanciers. Ils nous apparaissent plus que jamais dans leurs œuvres, et leur tutélaire influence ne peut être méconnue. Il ne restera, à cet égard, aucun doute dans vos esprits, si vous me permettez, Messieurs, de vous faire remarquer qu'un grand progrès s'est accompli dans notre manière de concevoir la marche des événements humains, d'apprécier les grands résultats d'une longue élaboration à laquelle toutes les générations ont eu leur part.

Si l'on ne peut voir dans la succession des siècles un plan préalablement arrêté, on n'y sent pas moins l'empire des lois qui concourent à notre amélioration, et dont la manifestation résulte de notre organisation même.

Rien ne peut donc nous dispenser d'une profonde reconnaissance envers ceux qui ont vécu avant nous; car tous les avantages dont nous jouissons sont, par le fait, le fruit de leurs labeurs, et on peut le dire maintenant, ils n'ont jamais été inconscients du but. Les œuvres qui en font foi peuvent certainement être considérées comme émanant d'une sagesse séculaire, de l'Humanité tout entière.

Il n'est personne qui puisse conserver quelque doute en ce qui concerne les moins éminentes de ces œuvres, car chacun peut y voir la main du passé; cette terre transformée n'accuse-t-elle pas son action continue? Mais les plus éminentes des œuvres humaines, les œuvres de la pensée, il faut le reconnaître, sont encore trop souvent attribuées à une action toute personnelle, dont l'on méconnaît presque toujours les antécédents. Si nous devons être pénétrés d'une profonde gratitude à l'égard de ces grandes natures qui nous ont dotés de nos plus impérissables richesses, il ne faut pas moins s'habituer à voir en elles les élus de l'Humanité. Préparée, pour ainsi dire, par la marche de la civilisation, par un ensemble d'antécédents, tant domestiques que sociaux, qu'il n'est pas toujours facile d'apprécier, chacune d'elles est en quelque sorte venue en son temps, et quelques-unes même ont laissé sur les générations qui ont bénéficié de leurs œuvres une empreinte indélébile.

C'est en nous pénétrant de cette vérité que nous pouvons nous convaincre que les vivants sont de plus en plus dominés par les morts, que c'est à leur sainte pression que nous devons souvent de pouvoir éviter ou rectifier des écarts, qui, sans cela, pourraient nous retarder ou nous jeter hors des voies suivies.

La grande existence, dont le seul nom commande la soumission et le respect, se compose de deux parties : l'une *objective*, l'autre *subjective*. D'une part les vivants, de l'autre, les morts et les non-nés. Chez ceux-ci, la *fatalité ;* chez les autres, la *volonté*. Les vivants sont les serviteurs du Grand-Être et les interprètes de ses volontés. Durant leur vie, ils ne peuvent aspirer qu'à être incorporés à la suprême existence. Ce n'est qu'après leur mort qu'ils peuvent en devenir partie intégrante, lorsqu'un jugement solennel les a déclarés dignes d'un tel honneur. Mais c'est par eux, ses serviteurs immédiats, que le Grand-Être étend sa protection sur chacun de nous, et que nous ressentons les effets de sa bonté inépuisable.

De ces diverses considérations, il résulte pour chacun de nous, Messieurs, l'obligation de vivre journellement avec nos prédécesseurs et nos successeurs, les morts et les non-nés. Lorsqu'on s'élève à cette hauteur, la vie ne devient-elle pas à la fois un acte de reconnaissance et d'amour? En la quittant, ceux qui ont bien vécu laissent à ceux qu'ils ont aimé le soin de continuer à vivre pour eux et de transmettre aux générations à venir le fruit de leurs labeurs. L'existence de tout croyant implique donc la pratique d'une continuelle évocation, et c'est dans cette pratique que consiste ce que nous appelons la *vie subjective.*

En y soumettant chacun, la religion de l'Humanité ne se livre à aucune innovation, elle ne fait que continuer et systématiser ce qui a été fait avant nous, avec des convictions diverses.

« La plus grande difficulté de la régénération positive, fait observer Auguste Comte, consiste dans l'essor continu de l'existence subjective chez toutes les âmes. » — « Nous devons donc, dit-il, entretenir avec les morts, et même les non-nés un commerce plus suivi, quoique moins spécial, qu'avec nos contemporains. » (Auguste Comte, *Pol. pos.*, t. IV, p. 24.)

« Cette obligation, fait encore remarquer l'immortel maître, resterait impossible sans la préparation décisive, spontanément résultée de l'état théologique, ce berceau vénérable de l'imagination humaine. »

Le fétichisme, nous le savons, Messieurs, anima tout autour de lui; mais il ne faisait vivre qu'avec des êtres toujours présents. Il était peu favorable à l'essor de l'imagination. Le théologisme, qui succède à cet état initial, nous habitue au contraire à considérer des existences purement idéales, toujours rattachées à nos destinées. L'institution de la famille, sous le fétichisme, nous avait, il est vrai, déjà disposés à lier une existence passagère à des relations plus étendues et plus stables. Mais nos instincts sympathiques ne pouvaient se contenter de ces premières relations. Il fallait des rapports plus étendus encore, pour garantir, dit Auguste Comte, la perpétuité de la vie subjective. L'avènement de la patrie, que fonda le théologisme, vint donner une destination plus précise à ces tendances ; mais c'était au monothéisme, surtout chrétien, à fixer à la vie subjective un but plus direct, quoique provisoire. Il poussa sans doute à l'isolement, mais les mœurs de la patrie, qui avaient prévalu, pouvaient préserver chacun de toute déviation mystique.

Sous notre état normal ou définitif, l'exercice de la vie subjective, bien qu'impliquant encore un commerce plus suivi avec les morts et les non-nés, qu'avec nos propres contemporains, ne présentera au cœur aucun de ces dangers. Il ne pourra que stimuler plus directement l'élan de nos meilleurs instincts. La vie pratique suffira d'ailleurs toujours, pour rectifier toute déviation sentimentale. L'habitude de la prière, devenue pour tout croyant une occupation journalière, fera de chaque cerveau le réflecteur fidèle de tous les événements passés. C'est ainsi que le cerveau humain se trouvera érigé, suivant l'expression du maître, en un véritable *placenta* permanent, placé entre l'homme et l'Humanité.

Ces diverses considérations, concernant la vie subjective, me conduisent à vous parler d'une institution qui s'y rattache directement et qui vient en quelque sorte en étendre le champ. Il s'agit d'une dernière conception d'Auguste Comte : l'incorporation du fétichisme au positivisme. Vous verrez à quelles exigences sentimentales elle répond et de quelle utilité elle peut être soit dans le présent, soit dans l'avenir, pour combler certaines lacunes que le cœur a depuis longtemps signalées.

Sortis tous du même milieu, il n'est personne parmi nous qui n'ait souffert dans les chères et premières affections de sa jeunesse, lorsque l'émancipation révolutionnaire l'a poussé à briser les idoles qu'il avait jadis adorées. A ces premiers objets d'adoration se rattachent, en effet, des émotions bien douces, dont nous avons ainsi perdu les bénéfices. Notre vie s'est trouvée, pour ainsi dire, coupée en deux, et le cœur, privé de ses premiers guides, a flotté à l'aventure, dans le débordement des passions.

On ne peut méconnaître longtemps les dangers d'une telle situation ; aussi ne faut-il pas qu'elle persiste dans l'état normal.

Les croyances de l'âge mûr ne seront jamais, il est vrai, celles du premier âge, pas plus sous le régime futur que sous le régime passé. Mais nous ne pouvons et ne devons renoncer à perpétuer les douces et chères émotions de nos premières années. La synthèse finale présenterait une lacune s'il en était ainsi. Telle est la destination de la grande institution que je viens de vous signaler et qui marque d'une empreinte indélébile les derniers pas de l'immortel créateur.

Le régime de notre premier âge donna la vie à la nature tout entière, et prêta à tout ce qui nous entoure le sentiment et la volonté. Ce régime est encore celui de notre enfance ; c'est aussi celui de la passion. Il ne se distingue au fond de celui de notre maturité qu'en confondant l'activité, propre à tous les êtres, vivants ou non vivants, avec la vie, qui n'appartient qu'à quelques-uns d'entre eux. Il est si naturel en nous qu'il suffit toujours de se laisser aller au cours de ses émotions pour le voir renaître. Il serait donc puéril de vouloir le contenir, puisque, pour revenir à la réalité, il ne faut qu'un moment de réflexion.

Le génie créateur, qui s'est donné pour mission de pourvoir le cœur d'un guide à tous les âges de la vie, et de fournir des stimulants à l'esprit, n'a pu méconnaître les précieux avantages, tant moraux qu'intellectuels, d'un semblable régime. Aussi l'a-t-il incorporé au régime final de l'Humanité, dont il devient le complément et l'embellissement.

Les lois que notre âge mûr substitue aux volontés propres à notre première enfance, collective ou individuelle, il faut bien le reconnaître, ne peuvent jamais représenter suffisamment l'ordre réel. Entre nos conceptions et la réalité qu'elles cherchent à rappeler, il existera toujours d'immenses lacunes, et cela quoi que nous fassions. Aussi devons-nous, dans le cours de notre existence, comme au début de la raison humaine, recourir aux volontés, qu'invoque alors le sentiment pour lier provisoirement les faits. Ceux-ci resteraient sans cela décousus, malgré les prétentions de notre superbe raison.

Nous pouvons donc, sans nous faire aucune illusion sur la réalité de nos explications spontanées, toujours faciles à rectifier, les utiliser pour combler les vides inévitables de nos conceptions. Toujours favorables au travail de la pensée, qu'elles assistent, en lui fournissant pour ainsi dire des points de repère, ces explications ne sont pas moins précieuses au sentiment, qu'elles ne laissent jamais en suspens, lorsque la complexité des phénomènes, ou les exigences de la passion ne permettent pas d'en attendre de plus conformes à la réalité.

En réfléchissant sur un pareil sujet, on voit bientôt quelles ressources peut réserver au cœur et à l'esprit l'incorporation du fétichisme au positivisme. Mais c'est surtout dans la pratique du culte, public ou privé, que les précieuses dispositions de notre jeune âge peuvent être avantageusement utilisées.

Sans entrer dans les développements qui seraient ici nécessaires, pour montrer quel parti l'auguste auteur a tiré, pour son culte, d'une institution digne de couronner une grande carrière, il nous est facile, néanmoins, de comprendre qu'une conception de cette nature doit nous permettre de conserver, pendant tout le cours de la vie, à l'égard des objets de notre première adoration, les dispositions affectives de notre jeune âge. De quel secours ne seront-elles pas, en effet, pour la culture du sentiment? Ce ne seront pas, sans doute, les mêmes idées qu'éveilleront toujours les objets qui ont frappé notre vue, dès nos premiers pas dans la vie ; mais les émotions qu'ils ont suscitées ne persisteront pas moins à leur égard ; et l'esprit n'ayant, pour ainsi dire, qu'à compléter les premières explications fournies par le cœur, n'aura jamais ni à les rejeter, ni à les mépriser. C'est surtout dans l'exaltation de la passion que chacun sentira toute l'efficacité d'une institution qui, à elle seule, suffirait pour illustrer une grande vie. Ce qu'il importe le plus au cœur, vous le savez tous, c'est moins de chercher des explications que d'évoquer des souvenirs et d'éveiller des émotions. Tel est le but de toute commémoration religieuse.

Ce n'est pas le lieu ni le moment de nous étendre sur un tel sujet. Il suffit de l'avoir indiqué pour faire pressentir toute la puissance affective d'une doctrine qui, se dégageant de la plus grossière matérialité, pénètre graduellement jusque dans les plus profonds replis du cœur humain.

Je vous ai dit, Messieurs, qu'il importait de considérer la plupart de nos devanciers comme ayant été conscients dans leurs efforts, du bien qui a pu en résulter pour notre espèce. Depuis l'épuisement de la dernière synthèse théologique, nul ne peut hésiter à reconnaître que tous les grands esprits n'aient été soutenus par le pressentiment d'un avenir réglé d'après la connaissance des lois qui président à la marche de nos destinées. On ne saurait douter non plus de leur dévouement à la postérité. Leurs nobles vies en fournissent des témoignages éclatants.

En se plaçant à ce point de vue, on est naturellement conduit à considérer la prévision et la bienveillance comme deux attributs inséparables du Grand-Être. La marche de la civilisation ne peut que développer et rapprocher de plus en plus ces deux attributs ; car lorsque la prévision s'étend aux phénomènes sociaux, elle consacre l'existence des sentiments bienveillants, lien nécessaire de toute vie collective. Nous ferons remarquer encore que les deux nobles attributs : prévision et bienveillance, qui complètent la constitution du Grand-Être, ne sont pas moins indispensables à la fixité de notre harmonie cérébrale. Par leur constante suprématie sur nos instincts égoïstes, nos mobiles sympathiques assurent, en effet, l'unité intérieure, surtout quand la prévision a rendu plus stables nos relations avec le dehors, en nous montrant notre dépendance continue à l'égard du passé et de l'avenir.

Telles sont, comme vous le savez, Messieurs, les conditions fondamentales de tout état religieux. De ce rapprochement, si naturel ici, il ressort donc que l'état religieux suppose toujours entre le croyant et le Grand-Être une similitude d'organisation et de but. Rien de semblable n'a pu exister à ce point sous aucun des régimes antérieurs, et surtout sous le dernier. Car, non seulement la toute-puissance de l'être divin s'y trouvait incompatible avec la souveraine bonté, qu'il fallait cependant lui attribuer, mais par ses desseins qui restaient toujours impénétrables, il ne pouvait exister entre lui et le fidèle aucune communauté de vues. Véritable instrument entre les mains de son capricieux maître, le croyant était condamné à rester toujours étranger aux plus nobles attributs de notre espèce. Les sentiments bienveillants étaient refusés à son ingrate nature, et quand ils lui étaient accordés, ce n'était qu'à titre de grâce spéciale, qu'il n'avait pas même besoin de mériter, le caprice divin dispensant de tout mérite. Un pareil régime, il est vrai, fait observer Auguste Comte, en érigeant les sentiments sympathiques en suprêmes attributs de la puissance divine, rectifiait autant que possible une vicieuse théorie de la nature humaine.

De l'ensemble de ces considérations, il est facile maintenant de s'élever à la définition du Grand-Être. Le cœur l'a déjà pressentie, et l'esprit ne peut que la consacrer. Pour tous ses adorateurs, « le Grand-Être sera *désormais l'ensemble des êtres passés, futurs et présents, qui concourent librement à perfectionner l'ordre universel.* » Mais, fait encore observer celui qu'il faut suivre pas à pas, si l'on écarte tout ce qui peut être sous-entendu sans confusion, on pourra se borner à définir la suprême existence : *l'ensemble continu des êtres convergents.* Une telle définition est bien propre, en effet, à nous montrer un grand phénomène auquel nous prenons tous part sous une unique impulsion.

Pénétrés de l'importance d'une pareille définition, il nous sera facile maintenant de rectifier une vicieuse habitude, propre à notre état préparatoire. Elle consiste à toujours subordonner la notion du Grand-Être à celle de ses éléments constituants. C'est ainsi que l'esprit moderne a pu méconnaître souvent les réalités les mieux appréciables et contester même une existence dont l'empire se fait sentir à tous.

La décomposition en familles et en cités, que comporte le Grand-Être, ne peut désormais servir qu'à mieux préciser son action. Si l'on n'a pu s'élever, jusqu'à ce jour, à sa conception finale que d'après ces précieux agents, il ne faut s'en prendre, dit Auguste Comte, qu'à une vicieuse préparation, tant morale que mentale, conséquence inévitable d'une doctrine à la fois égoïste et absolue, qui a toujours méconnu la solidarité et la continuité des efforts humains. Voilà comment on a pu se perdre dans la contemplation des parties et méconnaître la notion du tout.

Dégagés de cette vicieuse préparation, c'est dans son ensemble qu'il importe à l'avenir, que la suprême existence nous apparaisse. Les notions de famille et de patrie émanant d'une appréciation plus élevée n'en seront que plus pures et moins spéciales. Cependant un sentiment de justice nous empêchera d'oublier qu'en instituant l'occidentalité, le régime catholico-féodal avait préparé à sa manière cette notion plus générale de l'Humanité! Le moyen âge avait en effet habitué les occidentaux à se sentir solidaires dans une communauté de foi et de but. Sous sa salutaire influence, la famille et la patrie apparurent à tous comme les éléments nécessaires, mais non indépendants, d'une existence plus élevée.

La rupture du lien catholique poussa à l'isolement et laissa bientôt prévaloir des rivalités qui firent méconnaître l'antique solidarité. Cependant, la prépondérance de la métropole occidentale n'en persista pas moins, tant était puissante l'action des antécédents.

Lorsque la nation centrale sera revenue à ses habitudes traditionnelles, lorsque les mœurs pacifiques auront définitivement prévalu, tous les Occidentaux, grâce à ces antécédents communs, sauront s'élever sans efforts à la notion du Grand-Être ; il leur suffira pour cela d'évoquer les souvenirs d'un autre temps. L'épuisement de toutes les *fois* provisoires sur tous les points du globe leur fera sentir la nécessité d'une nouvelle direction, d'où leur apparaîtront la solidarité et la continuité de tous les intérêts terrestres.

Mais si l'on peut espérer de voir chacun s'élever bientôt à une pareille notion sans être obligé de s'arrêter à la contemplation des agents, on s'apercevra aussi que si elle est de nature à satisfaire pleinement l'esprit, elle ne répond qu'imparfaitement aux exigences du cœur. Il faut que la notion du Grand-Être devienne aussi familière et aussi concrète que celle de son prédécesseur théologique. Sans cela, notre harmonie cérébrale elle-même resterait trop instable et la vie privée serait parfois exposée à de dangereuses fluctuations.

Les contacts féminins, si nous savons les utiliser, à défaut d'une étude systématique de notre nature, nous convaincront bientôt que l'adoration réclame toujours un type concret. Aussi est-ce sous une personnification spéciale que la suprême existence doit se présenter à notre esprit. La nature de cette personnification ne saurait être douteuse. Il n'y a qu'une image féminine qui doive s'élever désormais sur l'autel de l'Humanité. Cette idéale personnification peut seule rappeler à l'esprit les nobles attributs de notre espèce. Elle seule peut servir encore de résumé à la longue préparation, à la fois morale et mentale, d'où nous voyons sortir aujourd'hui la formule de l'avenir.

Par sa délicate organisation, la femme ne nous montre-t-elle pas en sa personne tous les progrès accomplis dans le cours d'une évolution, dont la commémoration religieuse doit nous reproduire toutes les phases. Sa constitution nous rappellera toujours la grande lutte de l'altruisme contre l'égoïsme, et l'utopie féminine, qui vient couronner l'œuvre du grand philosophe, apparaîtra à tous comme la dernière phase de cette lutte à tant d'égards mémorable. Dans l'idole offerte à notre adoration, chacun verra le triomphe définitif de l'Humanité sur l'Animalité.

Si la dernière synthèse religieuse nous a montré l'église militante, c'est l'église triomphante qui s'offre désormais à nos regards. La lutte est, en effet, terminée, et le cœur a pris possession de son domaine; c'est le calme, c'est la paix dans une plénitude d'amour que l'avenir nous promet. Le poète florentin nous en a tracé l'ineffable tableau dans un tercet mémorable :

O gioia, o ineffabile allegrezza!
O vita intera d'amore e di pace!
O senza brama sicura richezza!

Mais le cœur humain a encore d'autres exigences; il veut voir un être aimé, un être qui a son histoire dans l'objet de son adoration; il veut que cet être, choisi entre tous, lui rappelle de grands services, de grands devoirs acceptés et remplis, une ineffable tendresse; il veut trouver tout cela dans l'idole qui couronne son autel.

Le catholicisme, qu'il faut toujours consulter dans les choses de sentiment, nous montre dans son culte les véritables conditions de l'adoration. C'est Marie, c'est la Mère du Dieu fait homme, celle dont l'histoire est l'histoire de toutes les femmes, celle qui a souffert dans le fruit de son ventre, c'est cette femme que chaque fidèle retrouve dans la reine des cieux, dans la Vierge mystique du douzième siècle :

Umile ed alta più che creatura.

Telle ost la grande personnalité que le catholicisme offre depuis plus de six siècles à l'adoration de tous les occidentaux.

Le positivisme ne peut hésiter dans le choix de son idole ; à l'imposante figure de son fondateur s'associe une gracieuse image, qui en est devenue à jamais inséparable.

Ceux qui ont été initiés aux péripéties de deux existences qu'une inexorable fatalité a frappées, y verront le triomphe de tout ce qu'il y a de grand, d'élevé dans la nature humaine ; ils se convaincront aussi que la grande œuvre qui devait fixer nos destinées est le résultat d'une sainte collaboration, où la femme, dignement pénétrée de son rôle, a fourni le noble mobile, tandis que l'homme travaillait sous son inspiration.

En s'arrêtant sur votre image, ô Clotilde, notre esprit se tourne bientôt sur l'œuvre éternelle inspirée par vous, sur l'immortel amant que l'art place à vos pieds. Glorifiée par lui, l'Humanité tout entière nous apparaît comme à lui sous vos traits aimés. Confondus dans une éternelle reconnaissance, vos souvenirs resteront indissolublement liés. Celui qui décerne l'immortalité vivra avec vous dans tous les cœurs aimants.

Descendons maintenant, Messieurs, de ces hauteurs sentimentales pour reporter nos yeux autour de nous. Je vous ai parlé tantôt de ce que chacun de nous a éprouvé en nos temps troublés, lorsque la foi des jeunes années s'est éteinte, lorsque l'invasion des idées révolutionnaires a poussé chacun à brûler ce qu'il avait primitivement adoré, à renverser les idoles d'un premier culte. La foi de l'Humanité, je vous l'ai montré, préservera l'existence de tout déchirement analogue, et nous permettra d'honorer et d'aimer dans l'âge des grandes passions ce que nous avons honoré et aimé à l'aurore de la vie.

Une disposition à peu près semblable à celle que je viens de vous rappeler, s'empare encore de nous, lorsque nos souvenirs se reportent aujourd'hui sur les choses et les institutions des siècles écoulés. Les mêmes dispositions révolutionnaires viennent briser la chaîne des temps et nous détourner de la reconnaissance due à nos prédécesseurs. La vie n'est plus alors qu'un acte de révolte aussi funeste au cœur qu'à l'esprit.

La doctrine de l'Humanité, en rétablissant la filiation des âges, nous préserve encore de ces funestes dispositions.

Il faut aujourd'hui lui demander davantage. En un jour, où tous les sentiments doivent se renouveler et s'épurer, il faut qu'elle nous inspire les résolutions qui conviennent à notre mission dans une société où souvent les meilleures natures sont fatalement poussées au mal. C'est une main secourable qu'elle nous invite à tendre à toutes les défaillances.

Il y a autour de nous des agités et des révoltés. Ceux-là ont souvent soif de justice. Ce ne sont pas des incurables ; nous pourrons souvent leur donner la sécurité du cœur et le calme de l'esprit.

Il y a aussi ceux qui pleurent et qui gémissent à la vue de la dissolution de notre vieille société et du mal qui les enserre de toutes parts ; ceux-là se replient sur eux-mêmes et se réfugient dans les croyances de leur enfance en détournant leur esprit de tout ce qui vient du dehors. Ceux-là, malgré la cécité volontaire, à laquelle ils se condamnent, ne sont pas les plus éloignés de nous. Le terrain sur lequel ils se sont réfugiés est aussi celui où nous nous sommes placés, c'est le terrain de la grâce. Le grand saint, à qui nous devons l'institution d'une culture morale, où beaucoup trouvent encore des forces dans la détresse générale, peut être justement considéré comme le précurseur de celui qui vient de nous ouvrir les portes de l'avenir. Nous avons rappelé ailleurs que la vierge des croisés fut la sœur aînée de la vierge immaculée d'Auguste Comte.

En terminant cette allocution, Messieurs, comment ma pensée ne s'arrêterait-elle pas sur le déchirement profond qui divise la famille positiviste. Vous le savez, une grave déviation s'est produite dans son sein : c'est à la rectifier que nous avons consacré tous nos efforts. Elle serait funeste à l'œuvre de régénération, que nous a léguée le grand novateur, si elle pouvait persister. Mais, en y réfléchissant bien, en analysant l'état moral d'une société, livrée au hasard des événements, nous ne pouvons ne pas croire que de ses fluctuations mêmes ne sorte bientôt le remède à un si grand mal.

Sur son lit de mort, Auguste Comte subordonnait tous les progrès de sa propagande à une entière séparation entre l'ordre spirituel et l'ordre temporel. L'instinct populaire semble comprendre, de nos jours, que c'est la condition de tout progrès. Si celui qui perpétue, en ce moment, l'anarchie parlementaire, malgré son stérile hommage au positivisme, avait le sentiment du bien qu'il peut faire, il se hâterait de proclamer cette séparation, que réclame l'esprit public avec un pressentiment de son importance, et que lui seul ajourne encore.

Le maintien de l'ordre, étant désormais assuré, la libre discussion montrerait bientôt le caractère véritable du mal dont l'Occident tout entier est atteint. Aussi, dans ces conditions, vous ai-je dit ailleurs, une ligue des sentiments les plus respectables de notre nature, contre des dogmes dissolvants, ne tardera pas à s'effectuer, parmi les partisans mêmes de toutes les *fois* déchues. Or, qui peut aspirer à prendre la direction d'une pareille ligue, sinon la doctrine qui, se contentant de repousser des

moyens de consécration sans efficacité et épuisés, respecte et sanctionne les règles de conduites instituées par une sagesse séculaire, d'après une patiente observation de la nature humaine. Qu'on en reste bien convaincu, c'est alors que le positivisme se montrera sous sa vraie nature, à la fois morale et religieuse, trop longtemps dissimulée sous sa préparation scientifique.

Soyons donc sans crainte pour l'avenir, et félicitons-nous, Messieurs, sans arrière-pensée, de tout ce qui pourra être fait autour de nous pour propager de grands enseignements. La direction dont nous avons eu à déplorer les funestes effets, est signalée, sa nature est connue, elle est donc rectifiée.

Lorsque les âmes affolées viendront nous demander une direction, chercher auprès de nous un abri contre le débordement des sophismes et des passions anarchiques, ceux qui prétendent être les continuateurs du régulateur des consciences, du guide des cœurs, auront alors à le montrer. S'ils ne sont pas à la hauteur d'une pareille mission, quel que soit leur nombre, quelles que soient leurs prétentions, ils seront emportés, comme la poussière en un jour d'orage.

Avançons donc, Messieurs, avec confiance dans la voie où je suis heureux de marcher avec vous. Nous y serons soutenus par le sentiment du devoir accompli, et s'il faut à nos actes une nouvelle consécration, nous la trouverons dans la pensée même du grand novateur.

Paris. — Imp. Nouv., 14, rue des Jeûneurs. — Masquin, direct.

2 in
4
5 cm 6 7 9 10 11 12

www.ingramcontent.com/pod-product-compliance
Lightning Source LLC
LaVergne TN
LVHW020506230826
846091LV00008BA/3362

* 9 7 8 2 0 1 9 2 3 7 7 0 7 *